MALEN UND SCHNEIDEN

MALEN UND SCHNEIDEN

MALEN UND SCHNEIDEN

MALEN UND SCHNEIDEN

MALEN UND SCHNEIDEN

MALEN UND SCHNEIDEN

MALEN UND SCHNEIDEN

MALEN UND SCHNEIDEN

MALEN UND SCHNEIDEN

MALEN UND SCHNEIDEN

MALEN UND SCHNEIDEN

MALEN UND SCHNEIDEN

MALEN UND SCHNEIDEN

MALEN UND SCHNEIDEN

MALEN UND SCHNEIDEN

MALEN UND SCHNEIDEN

MALEN UND SCHNEIDEN

MALEN UND SCHNEIDEN

MALEN UND SCHNEIDEN

MALEN UND SCHNEIDEN

MALEN UND SCHNEIDEN

MALEN UND SCHNEIDEN

MALEN UND SCHNEIDEN

MALEN UND SCHNEIDEN

MALEN UND SCHNEIDEN

MALEN UND SCHNEIDEN

MALEN UND SCHNEIDEN

MALEN UND SCHNEIDEN

MALEN UND SCHNEIDEN

MALEN UND SCHNEIDEN

MALEN UND SCHNEIDEN

MALEN UND SCHNEIDEN

MALEN UND SCHNEIDEN

MALEN UND SCHNEIDEN

MALEN UND SCHNEIDEN

MALEN UND SCHNEIDEN

MALEN UND SCHNEIDEN

MALEN UND SCHNEIDEN

MALEN UND SCHNEIDEN

MALEN UND SCHNEIDEN

MALEN UND SCHNEIDEN

MALEN UND SCHNEIDEN

MALEN UND SCHNEIDEN

MALEN UND SCHNEIDEN

MALEN UND SCHNEIDEN

MALEN UND SCHNEIDEN

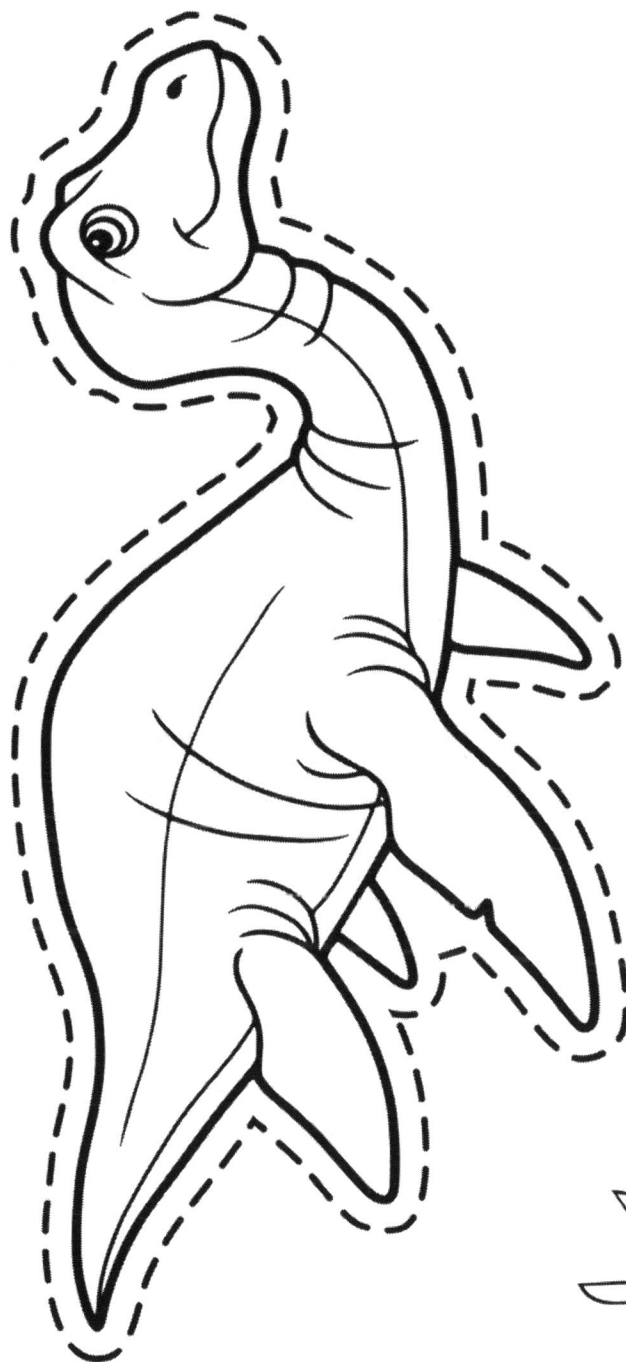

MALEN UND SCHNEIDEN

MALEN UND SCHNEIDEN

MALEN UND SCHNEIDEN

MALEN UND SCHNEIDEN

MALEN UND SCHNEIDEN

MALEN UND SCHNEIDEN